CHARLES BLACHIER

BIOGRAPHIE

DE

MGR CAVEROT

ARCHEVÊQUE DE LYON

1 Franc

AVEC PHOTOGRAPHIE

LYON

P.-N. JOSSERAND, LIBRAIRE-ÉDITEUR

3, place Bellecour, 3

1876

Monseigneur Caverot

BIOGRAPHIE

DE

MGR CAVEROT

ARCHEVÊQUE DE LYON

60 Centimes

LYON

IMPRIMERIE D'AIMÉ VINGTRINIER

Rue de la Belle-Cordière, 14

1876

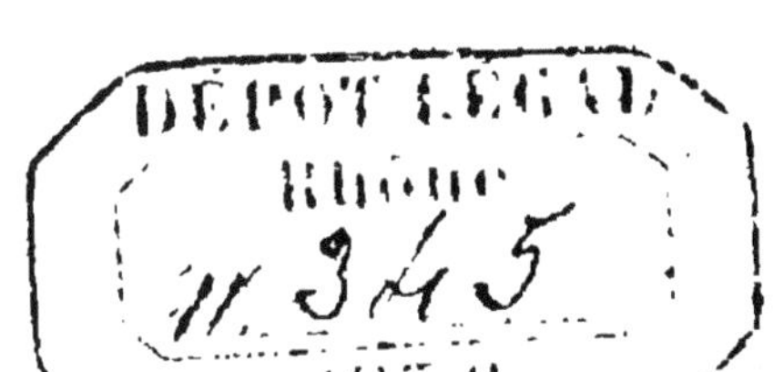

MGR CAVEROT

Dilectione et pace, telle est la devise qui figure dans les armes de Mgr Caverot.

Nos lecteurs verront en lisant sa biographie que notre nouvel archevêque a toujours soumis ses actes, à cet esprit de mensuétude et de paix, dont il a fait sa règle de conduite.

* *
*

Mgr Caverot est né à Joinville (Haute Marne) le 26 mai 1806.

Il fut baptisé sous les noms de Louis-Marie-Joseph-Eusèbe.

Le père de notre futur archevêque était conservateur des hypothèques à Châtillon-sur-Seine, et c'est dans cette ville que s'écoulèrent son enfance et sa jeunesse.

D'un tempérament délicat et choyé par une excellente mère qui voulait le garder le plus longtemps possible à l'abri de sa tendresse, le jeune homme ne commença ses études que fort tard au collége de Troyes, où il resta peu de temps.

Il alla les continuer à Dole, où les pères jésuites tenaient alors une institution célèbre.

A son séjour dans cette ville se rattache un épisode peu connu qui lui fait le plus grand honneur.

Pendant une promenade sur le bord du Doubs, très-profond dans le parcours de Dole, l'un des élèves s'étant imprudemment avancé trop près du bord fit un faux pas et tomba dans le fleuve.

Les eaux étaient fort grosses et le malheureux enfant ne tarda pas à disparaître. Ses camarades épouvantés poussaient des cris de terreur et de désespoir, mais aucun n'osait lui porter secours tant le courant était rapide.

Caverot n'hésite pas. Il se précipite vers la rive et sans quitter ses vêtements, — car le temps presse — il se jette à l'eau : Après quelques recherches, il est assez heureux pour ramener sur la berge son malheureux camarade évanoui, mais encore vivant.

Ce trait de courage et de sang-froid donna au jeune homme un grand ascendant sur ses camarades. Il le fit passer immédiatement dans la catégorie des *grands*, à laquelle lui donnait déjà droit, il est vrai, non pas son âge, mais sa taille.

Ce fut à Saint-Acheul que le futur prélat termina ses études.

***

Après avoir obtenu de grands succès en rhétorique et en philosophie, Mgr Caverot quitta le collége pour aller faire son droit à Paris.

Son père le poussait dans la voie du

barreau, mais la *basoche* avait peu d'attrait pour le jeune homme.

À peine eût-il ses diplômes, qu'au lieu de se consacrer au rôle de défenseur de la veuve, de l'orphelin, et — ainsi que le dit un vaudeville — de tous les gredins qui auraient bien voulu l'honorer de leur confiance, il profita d'une occasion favorable, pour entrer dans les bureaux du ministère de la guerre.

Voilà le futur archevêque devenu bureaucrate et bien décidé à faire, peu à peu, son chemin, en suivant la fillière administrative.

Il fait des rapports, transmet des dépêches, provoque des changements de corps d'armées, suit pas à pas le mouvement des troupes sur le grand échiquier militaire, mais chose curieuse au milieu de toutes ses occupations, notre héros n'est pas satisfait ; il sent un grand vide au fond de son cœur.

L'avenir cependant s'ouvre beau devant lui.

D'excellentes études, de la fortune, de belles relations, le nom de son père qui a été otage pour Louis XVI — il ne faut pas oublier que nous sommes sous la Restauration — tout semble lui promettre une carrière brillante. Malgré tout cela l'air du bureau lui oppresse la poitrine.

Son âme généreuse cherche le dévouement et la grandeur, elle ne rencontre que le calcul et l'égoïsme. La vie lui apparaît déjà, sous sa triste réalité, avec ses plaisirs trompeurs, ses joies décevantes.

Il songe, au contraire, au bonheur tranquille de cette vie religieuse, si utile, toute de sacrifices, d'abnégations, et après plusieurs mois de luttes et d'incertitudes, il entre subitement au séminaire de Saint-Sulpice.

Ni les larmes de sa famille, ni les prières de ses amis ne purent faire revenir sur sa résolution le nouveau séminariste.

Il fut inébranlable.

* *
*

Mgr Caverot fit à Saint-Sulpice ses études de théologie avec Mgr Dupanloup et plusieurs autres séminaristes, qui depuis ont revêtu comme lui la soutane violette.

A cette époque, M. de Rohan venait de perdre sa femme, on se rappelle à la suite de quel terrible accident. La jeune femme se disposait à partir pour le bal. Voulant donner un dernier coup d'œil à sa toilette, elle s'approcha trop près du feu, la jupe s'enflamma et en quelques secondes elle fut environnée de flammes.

Deux heures après, elle expirait en proie à d'horribles tortures.

Le prince, après avoir vu en quelques instants se briser son bonheur conjugal, s'était jeté dans les bras de la religion et avait été ordonné prêtre.

Il transforma aussitôt en lieu de retraite son magnifique domaine de la Roche-Guyon, et chaque année, à l'époque des vacances, les meilleurs élèves de Saint-Sulpice étaient invités à y aller passer quelques semaines.

Mgr Caverot fut plusieurs fois l'hôte du prince. C'est là que celui-ci apprit à connaître les rares qualités du jeune homme et fut amené peu à peu à lui vouer une sincère affection. Aussi, lorsque le prince fut nommé archevêque de Besançon, l'emmena-t-il avec lui.

Le jeune prêtre fut d'abord nommé vicaire de la Métropole, puis bientôt curé de cette même paroisse; mais une laryngite l'obligea peu à près à se démettre de ses fonctions pour accepter une place de chanoine.

Sur ces entrefaites, Mgr Mathieu arriva à Besançon pour remplacer le prince de Rohan sur le siége archiépiscopal.

Le jeune chanoine attira son attention, il le nomma son vicaire général.

Mgr Caverot montra dans ses fonctions de grandes aptitudes administratives.

Pendant plusieurs années, il fut le bras droit de son évêque, dirigeant le diocèse avec une énergie et une sagesse qui le désigna bientôt à l'autorité supérieure pour un poste plus élevé.

En 1849, un décret nomma Mgr Caverot à l'évêché de St-Dié, en remplacement de Mgr Manglard.

Mgr Caverot est, croyons-nous, avec Mgr de Ladoue et Mgr Mabille, le prélat le plus grand de France.

Notre nouvel archevêque est d'une charpente solide et osseuse, d'une figure maigre et pâle. Ses joues creuses et son grand front découvert indiquent le travailleur infatigable et le penseur.

Vif dans sa démarche, plein de grâce et de souplesse, il porte ses 70 ans avec l'aisance d'un homme qui peut compter sur une longue vieillesse et sur lequel les ans n'ont pas de prise.

Son extérieur est imposant, sa physionomie distinguée. Tout en lui révèle l'autorité du prince de l'Eglise et l'inépuisable bonté du pasteur.

Mgr Caverot porte la *cappa magna*

avec une grande dignité. Dans les offices pontificaux, on est surtout frappé de la majesté imposante, du profond recueillement qui brillent dans toute sa personne, dans chacune de ses actions, dans ses moindres mouvements.

Quand il prêche, on croirait voir un saint Chrysostome dans la chaire catholique.

Il parle assez vivement, mais son accent grave un peu sourd remue et grave, dans le cœur de fortes vérités.

Ce qui caractérise Mgr Caverot, c'est une grande vivacité d'esprit, jointe à une extrême prudence.

Lorsqu'on l'aborde, on est d'abord étonné de cet œil inquisiteur, quoique bienveillant et doux, qui vous sonde comme pour éviter une surprise ; mais bientôt on est à son aise et on lui parle avec confiance.

Prompt à saisir les idées les plus élevées, plein de tact et de délicatesse dans l'expression de sa pensée, Mgr Caverot est un causeur plein d'entrain et de charme.

Cœur noble, grand et généreux, aucune infortune ne fait appel en vain à sa charité.

A Saint-Dié, on l'appelle le père des pauvres ; il donne toujours, sans compter, fait passer en bonnes œuvres ses émoluments d'évêque et sa fortune personnelle, il donnerait sa croix pastorale, comme Mgr Dupanloup, plutôt que de renvoyer un pauvre sans un secours.

Avec cela, gracieux et bienveillant avec tout le monde : tout visiteur, même importun, est sûr de trouver près de lui un accueil charmant et digne.

Un de ses grands bonheurs était d'aller se promener seul dans les rues de Saint-Dié ou aux environs de la ville, s'arrêtant pour caresser les enfants ou pour causer avec ceux de ses diocésains qu'il rencontrait.

La personne qui nous donne ces renseignements se rappelle l'avoir vu, il y a quelques années, assis sur un fagot, devant une chaumière d'un petit village des Vosges, et s'entretenant amicalement avec une vieille femme aveugle et presque centenaire.

La bonne paysanne babillait librement sans connaître son interlocuteur ; mais lorsque l'évêque l'eût quittée, tous les habitants étaient autour d'elle, la questionnant sur ce que *Monseigneur* avait bien pu lui dire.

Mgr Caverot n'a pas le don oratoire, mais sa plume, en revanche, est élégante et facile.

Ses mandements révèlent un remarquable talent d'écrivain, dont le caractère saillant est l'érudition et la délicatesse.

Pour compléter ce portrait, exact en tous points, nous devons ajouter que notre nouvel archevêque mène dans son palais la vie simple, austère et réglée d'un religieux. Nous ne conseillons pas à nos purs, toujours prêts à parler de la bonne chair des prêtres catholiques d'aller lui demander à dîner à l'improviste. Un potage, deux plats et un dessert à dîner, deux plats et point de dessert le soir, tel serait le menu.

S'en contenteraient-ils ?

Citons maintenant une petite anecdote qu'on a mise au compte de Mgr de Blois, et qui, nous assure-t-on, doit être restituée à Mgr Caverot.

Un jour de grande fête, il présidait l'office. En se rendant à son trône épiscopal, il aperçoit sur son passage deux dames se disputant la possession d'une chaise. L'évêque s'arrête devant les deux rivales ; tous les fidèles prêtent l'oreille pour entendre la petite admonestation à laquelle on s'attend ; du tout, il leur donne gravement sa bénédiction.

La discussion cessa incontinent.

On raconte qu'un paysan normand vint un jour à l'évêché d'Avranches pour consulter son évêque, Mgr Huet.

— Monseigneur, lui dit le concierge, ne peut vous recevoir, il est à étudier.

Et le paysan de répondre :

— Qu'on nous donne un évêque qui ait fini ses études.

Les diocésains de Lyon ne pourront pas dire cela de Mgr Caverot.

Notre nouvel archevêque, sans mé-

connaître l'utilité des études sérieuses,
théologiques ou autres auxquelles beaucoup de prélats consacrent leurs loisirs
préfère donner tout son temps à la
bonne gestion des affaires de son diocèse.

Administrateur actif, intelligent, il
sait unir la douceur à la fermeté, le res-
pect des lois ecclésiastiques à la plus
grande prudence dans l'application.

Grâce à son ardeur et à son zéle, le
diocèse de Saint-Dié se trouve aujour-
d'hui dans l'état le plus florissant.

Les églises et les presbytères ont été
restaurés ; beaucoup d'écoles et de pe-
tits séminaires ont été créés ou réorga-
nisés, et, grâce à ses largesses, la célèbre abbaye d'Autrey, secouant la

poussière de son tombeau, a été rendue au culte catholique.

Chaque année, Mgr Caverot visite en personne presque tout son diocèse, afin de mieux se rendre compte de ses besoins. Il voit tout, s'occupe de tout, et trouve tonjours quelques améliorations à faire.

*
* *

Sa plus grande sollicitude est pour ses prêtres ; leur situation personnelle l'occupe beaucoup ; ils trouvent en lui le plus simple et le meilleur des amis.

Lorsque l'un d'eux lui confie ses embarras ou ses peines : — Ah ! mon bon curé, lui dit l'évêque, je connais cela, n'ai-je pas été curé moi-même ?

Aussi, avec quelle sollicitude, quelle sûreté de jugement, quelle précision leur expose-t-il la conduite qu'ils ont à tenir.

Mgr Caverot est un bucheur infatigable, et, bien qu'il ait le travail facile, sa tâche est lourde, car il aime à descendre dans tous les détails de l'administration. Cela lui est d'autant plus facile qu'administrant depuis vingt-sept ans le même diocèse, il connaît toutes les paroisses et tous les desservants de son vaste territoire.

***

Si l'on voulait, en un mot, définir le système gouvernemental de Mgr Caverot, il faudrait dire que c'est le régime paternel dans toute sa perfection.

Bon et affectueux avec ses prêtres, toujours prêt à leur venir en aide dans leurs épreuves ou leurs afflictions, accessible à tous ses paroissiens, accueillant toutes les suppliques et secourant toutes les infortunes, tel est le portrait moral de notre nouvel archevêque comme administrateur.

Aussi était-il chéri dans son diocèse et la seule crainte de ses diocésains était que leur évêque ne leur fût enlevé.

Ils savaient que plusieurs fois déjà, depuis la chûte de l'empire, Saint-Dié avait failli le perdre.

En 1873, M. Jules Simon voulait proposer M. Caverot au Saint-Père pour l'archevêché de Chambéry, lorsqu'il fut renversé, et les ministres ses successeurs l'avaient désigné pour les archevêchés de Reims et de Besançon où il était demandé par de nombreuses pétitions des fidèles.

A chaque siége épiscopal vacant, ses diocésains s'écriaient avec effroi : C'est pour cette fois! et Mgr Caverot les rassurait.

— On m'a laissé parmi vous 27 ans, mes amis, est-ce pour me confier à mon âge le fardeau d'un nouveau diocèse?

Il comptait si bien ne pas les quitter, qu'il s'était fait construire l'année dernière son tombeau à la cathédrale dans l'une des chapelles latérales richement ornées par ses soins.

Aussi, grandes furent sa surprise et

sa peine, lorsqu'il apprit sa nomination
au siége archiépiscopal de Lyon.

*
* *

Son premier mouvement fut de refu-
ser, car il ne pouvait se résoudre à quitter ce fidèle troupeau auquel l'attachaient
tant de liens d'affection.

Il écrivit aussitôt au nonce du pape,
Mgr Méglia, qui lui répondit le lende-
main par le télégramme suivant :
« Votre nomination est très-agréable
au Saint-Père. » La lettre de M. Du-
faure lui annonçant sa nomination
n'était pas moins flatteuse : « Sans
« parti-pris, lui disait-il, j'étais décidé
« à n'accepter ni demande, ni refus.
« La haute sagesse avec laquelle vous

« avez administré votre diocèse, pen-
« dant 27 ans, me donne toute con-
« fiance en votre personne. Je me suis
« d'ailleurs assuré de l'agrément du
« Saint-Père. »

Mgr Caverot n'avait plus qu'à s'in-
cliner, c'est ce qu'il fit.

Il accepta sans murmure le fardeau
de cette nouvelle famille sacerdotale
de 1,200 prêtres, dont il est inconnu,
mais qui éprouveront bientôt, ainsi que
le disait, il y a quelques jours, un de
nos confrères des Vosges, les bienfaits
paternels de son administration.

La direction d'un diocèse qui com-
prend deux départements avec 1 mil-

lion 400,000 âmes, est lourde, assurément, mais elle ne dépasse ni sa capacité, ni son courage.

Notre nouvel archevêque est âgé, il est vrai, mais il a cet immense avantage d'être rompu, depuis près de cinquante ans, à tous les rouages de l'administration ecclésiastique, et il ne faut pas oublier cette réponse d'un vieux jésuite, auquel on demandait ce qu'il fallait faire pour être un bon évêque.

— Il faut, dit-il, avoir été un bon curé.

Parole sage et que l'expérience a confirmée.

On a remarqué souvent, en effet, que des prêtres éminents et distingués avaient fait de très-médiocres évêques et de pitoyables administrateurs, parce qu'il leur manquait la connaissance du détail administratif , Mgr Caverot nous laisse toute sécurité à cet égard.

Il a été longtemps curé et vicaire général et l'autorité avec laquelle il a administré son diocèse, nous donne la certitude que nous n'aurons pas à regretter le choix qui a été fait pour le nôtre.

Ajoutons pour terminer cette biographie de Mgr Caverot, qu'il a été au concile l'un des plus ardents défenseurs du dogme de l'infaillibilité.

*
* *

La nomination de Mgr Caverot vient

de renouveler une question importante et depuis longtemps agitée, celle de la division du diocèse et de la création à St-Etienne d'un évêché suffragant de l'archevêché de Lyon.

Plusieurs journaux ont annoncé cette division comme décidée en principe et sont allés jusqu'à affirmer que cette mesure aurait été acceptée par le Saint-Père et Mgr Caverot lui-même.

Nous ne croyons pas pour notre part à l'exactitude de ces informations.

Cette question de la division du diocèse a été soulevée en effet, chacun sait cela, par quelques personnes laïques de St-Etienne. Elles ont réussi à mettre dans leurs intérêts deux ou trois personnages politiques importants, mais leur demande n'a rencontré aucune sympathie, même dans cette partie du clergé directement intéréssée à sa réussite.

Celui-ci n'a cessé uu contraire de protester de son attachement au siége archi-épiscopal de Lyon, et plusieurs députations sont allées à Paris combattre les projets des partisans de la division.

Nous sommes persuadés que le conseil des ministres, qui sera consulté sous peu sur cette importante question, se rendra aux vœux de tout le clergé de notre diocèse et maintiendra dans toute son intégrité le premier siége archiépiscopal de France, celui qui porte le titre de *primat des Gaules.*

Si nous avions maintenant un souhait à formuler auprès du saint Père, nous lui demanderions de revêtir de la pourpre romaine notre nouvel archevêque.

Le siége de Lyon a presque toujours été cardinalice; cette faveur semblait un de ses priviléges et beaucoup de fidèles, nous le savons, avaient regretté de voir Mgr Ginoulhiac privé de ce titre.

Le Pape, en accordant cette distinction exceptionnelle à Mgr Caverot, nous prouverait que si la France catholique est le plus beau fleuron de sa tiare, il considère toujours parmi ses diocèses le siége épiscopal de Lyon comme le plus dévoué et le plus fidèle.

LYON. — IMP. D'AIMÉ VINGTRINIER.

124

Pie IX, sa vie, son histoire, son siècle ;
par M. Villefranche. 1 beau vol. grand
in-8° de près de 600 pages, orné d'un
superbe portrait de Pie IX ; Lyon, Josserand, éditeur, 1876. Prix : 7 francs.

M. Josserand a reçu, à propos de ce bel ouvrage qu'il vient d'éditer, une lettre de félicita-
tions de S. Em. le cardinal Donnet, archevêque
de Bordeaux, dont nous sommes heureux de
citer l'extrait suivant :

« Je vous félicite, Monsieur, d'avoir édité un
pareil livre, et j'offre mes plus sincères compli-
ments à l'auteur. Son ouvrage est un monument,
en même temps qu'un acte de foi et d'amour. Il
sera lu, j'ose le prédire, avec avidité. Rien n'y
manque, ni les considérations élevées, ni les do-
cuments indispensables, ni la clarté, ni la cha-
leur, ni le style qui est toujours à la hauteur
du sujet. Il n'est pas jusqu'à ces détails char-
mants de la vie de Pie IX, jusqu'à ces anecdotes
touchantes dont le livre abonde, qui ne soient
faits pour captiver le lecteur.

« Je m'arrête, Monsieur, en vous remerciant
encore et en faisant des vœux pour la prompte
diffusion du livre de M. Villefranche qui aura,
sans aucun doute, le grand succès qu'il mérite et
fera le bien que l'auteur a eu en vue. »

Lyon. — Imp. Aimé Vingtrinier.

www.ingramcontent.com/pod-product-compliance
Ingram Content Group UK Ltd.
Pitfield, Milton Keynes, MK11 3LW, UK
UKHW020055100726
13658UKWH00004B/1780